Odile Lamourère

# Das kleine Übungsheft

# Freunde gewinnen und bessere Beziehungen führen

Aus dem Französischen
von Claudia Seele-Nyima

Illustrationen von Jean Augagneur

TRINITY

Über die Autorin

**Odile Lamourère** ist Gestalttherapeutin und Autorin mehrerer Bücher über Liebe, Partnerschaft, Sexualität und die Geschlechterrollen. In ihrer therapeutischen Arbeit hat sie sich darauf spezialisiert, Singles zu mehr Selbstbewusstsein in einer paarfixierten Welt zu verhelfen sowie Schüchterne auf dem Weg zu einer besseren Kommunikation zu begleiten.

Die Originalausgabe ist erstmals 2011
bei Éditions Jouvence erschienen.
Titel der französischen Originalausgabe:
Petit cahier d'exercices et astuces pour se faire
des ami(e)s et développer ses relations

Chemin du Guillon 20, Case 184, CH-1233 Genève-Bernex.
www.editions-jouvence.de
info@editions-jouvence.de

2. Auflage


Umschlaggestaltung: Guter Punkt, München
Satz: Veronika Preisler, München
Druck und Bindung: Pustet, Regensburg
ISBN 978-3-941837-70-6

# I. Beziehungen aufbauen, besser kommunizieren

Für unsere innere Balance brauchen wir im Leben soziale Kontakte. Diese finden aber nur Menschen, die **in der Lage sind, neue Bekanntschaften zu schließen, von denen sich einige zu Freunden entwickeln ... oder zu Liebesbeziehungen.**

Viele sind in der glücklichen Lage, Freundschaften eingehen und aufrechterhalten zu können, andere klagen über Einsamkeit oder sogar Isolation. Am besten haben es diejenigen, die in einem kontaktfreudigen Milieu aufgewachsen sind und bis zum Erwachsenenalter entsprechende Mechanismen verinnerlichen konnten. Die Schüchternen, die Einsamen und Menschen, deren familiäre Situation sich geändert hat oder die gerade den Wohnort gewechselt haben, brauchen dagegen Strategien, um sich zu orientieren, und ein Programm. Ihnen empfehle ich, die Elemente, die für eine Freundschaft unentbehrlich sind, aufzubauen und weiterzuentwickeln. Mit leichten und spielerischen Übungen schaffen wir es, vor einem tristen, einsamen Wochenende nicht mehr in Trübsal zu verfallen.
Diesen Weg durchlaufen wir in mehreren Etappen:

- Wir erkennen unsere Pluspunkte, sodass wir Selbstvertrauen gewinnen und die Schüchternheit der Jugend überwinden.
- Wir heben diese Pluspunkte hervor; uns wird klar, dass wir Annäherungen anderer verdienen, und bringen das auch zum Ausdruck.

- Wir grenzen unsere Interessensgebiete und Projekte ein, entdecken und entwickeln sie, um bei anderen Neugier zu wecken.
- Wir überlegen: Mit welchen Menschen würden wir gerne kommunizieren und etwas unternehmen?
- Wir finden heraus, wo und wie wir diese Personen treffen können.
- Wir halten Ausschau: Es ist einfacher, mit Menschen Freundschaft zu schließen, die auf derselben Wellenlänge sind und ähnliche Werte und Sichtweisen haben.
- Nachdem diese Kriterien geklärt sind, ist es leicht, geeignete Orte zu finden: Clubs, Vereine, Organisationen, in denen solche Menschen sich aufhalten.
- Wir pflegen Freundschaften.

## Ihre Trümpfe und Pluspunkte

Wie kann man angstfrei und entspannt auf Menschen zugehen, die man nicht kennt?

Es ist keine Selbstverständlichkeit, sich in einer solchen Situation wohlzufühlen, wenn man »schüchtern« ist.

Darum vorab hier einige Übungen, die Sie machen können, bevor Sie die eigentliche Suche nach Freunden angehen.

## Übung: Sich selbst vertrauen

Mit dieser Übung können Sie Ihre Pluspunkte entdecken und entwickeln. Es geht dabei nicht darum, sich selbst zu schmeicheln oder selbstgefällig zu sein, sondern darum, Klarheit zu gewinnen.

- Was könnte den Wunsch in Ihnen wecken, sich kennenzulernen? (Dauer: gut 10 Minuten)

**Stellen Sie sich einen Doppelgänger Ihrer selbst vor, betrachten Sie ihn und finden Sie charakteristische Eigenschaften, die Ihnen Lust machen, auf diese Person zuzugehen. Sie können sich dabei im Spiegel betrachten; achten Sie dann nicht auf Ihren Körper, sondern auf Ihr Verhalten, Ihr Lächeln, Ihre Gestik etc.**

*Sie haben schnell fünf oder mehr Eigenschaften gefunden? Gut gemacht!*

## Vorschlag A (Hilfe für diese Übung: ein Blick auf andere):

- Was haben meine Freunde und die Menschen, die mir am Herzen liegen, an sich, dass ich mit ihnen zu tun habe und sie mag?
- Ein perfekter Freund: Wer ist das? Was bringt er mir an Positivem?
- Mein Kumpel mit den vielen Freunden – was hat er, das ich nicht habe?
- Habe ich nicht auch diese Stärken? Kann ich sie mir aneignen?

**Wenn nach zehn Minuten immer noch nichts bei Ihnen »klingelt«:** Denken Sie an Menschen, die Sie beglückwünscht oder Ihnen etwas Nettes gesagt haben: eine Großmutter, ein Lehrer, ein Lebensgefährte (Schmeichelei und Verführung ausgenommen). Möglicherweise müssen Sie dafür in der Zeit zurückgehen oder Freunde fragen: Warum bist du regelmäßig mit mir zusammen? Was bringe ich in eine Gruppe von Freunden ein, wenn du mich einlädst?

**Wenn Ihnen die Vorstellungskraft ausgeht oder Sie sich selbst nicht einschätzen können, hier einige Vorschläge. Nun ist es an Ihnen, die leeren Post-it-Zettel auszufüllen.**

*Ich bin …*

Warmherzig; freundlich

Diskret; vertrauliche Informationen sind bei mir gut aufgehoben. Tolerant, ohne andere zu verurteilen

Zärtlich; eher entspannt und locker

Konstruktiv (immer voller Pläne) offen, stets gesprächsbereit, selbst wenn ich anderer Ansicht bin

Optimistisch; heiter (kann für gute Stimmung sorgen)

Anregend, voller Energie; aufmerksam und zuvorkommend gegenüber anderen (aber nicht auf Knopfdruck verfügbar)

Kontaktfreudig; hilfsbereit bei Problemen (aber nicht die unerschütterliche Mutter Theresa)

Für andere da; zuverlässig



Es kann sein, dass Sie nach dieser Übung weitere positive Eigenschaften finden. **Listen Sie sie auf!**

**Bravo! Hängen Sie diese »Post-it-Zettel des Selbstvertrauens« gut sichtbar auf, damit sie Ihnen häufig ins Gedächtnis gerufen werden.**

## Vorschlag B: Der Blick der anderen

Stellen Sie sich ein Zimmer vor, zum Beispiel ein Wohnzimmer, in dem Sie sich zwar nicht aufhalten, wo die Anwesenden aber über Sie sprechen. Welche Attribute benutzen sie?

-
-
-
-

**Greifen Sie jetzt diese Begriffe auf und wandeln Sie alle, die nicht gerade schmeichelhaft für Sie sind, in etwas Positives um.**

**Beispiele:**
- Zu Selbstsicher = fähig, Entscheidungen zu treffen, ein Team zu leiten und persönliche, auf menschlicher Ebene wichtige Wertvorstellungen zu vertreten und umzusetzen.
- Oberflächlich = kann Äußerungen entschärfen, dramatisiert nicht, behält seine persönlichen Gemütszustände besonderen Zweierbeziehungen vor.
- Geschwätzig = extrovertiert, mag Austausch und Gespräche.
- Schüchtern = ruhig, reserviert, aber an anderen interessiert.
-
-
-

Und wenn einige unfreundliche Attribute Ihnen gerechtfertigt erscheinen, dann ist jetzt der Moment gekommen, sich einmal selbst zu betrachten – und vielleicht zu ändern? An unserer innersten Veranlagung können wir zwar nichts ändern, aber an unserem Verhalten.



Beachten Sie auch, von wem die Bemerkungen kommen und welche Motivation der Äußerung zugrunde liegt.
Mitunter »betrifft das **Bild, das ich vermittle, nur den anderen …**« (siehe Übungen weiter unten).

# II. Ein bisschen Körpersprache

Die Gestik eines Menschen ist mindestens ebenso wichtig wie das, was er sagt. Wenn Sie stumm und ausdruckslos ohne ein Lächeln dasitzen, werden andere wenig Lust haben, Sie anzusprechen.

## Beispiel für Missverständnisse

Sie werden ausgerechnet von jemandem ausgewählt, mit dem Sie nicht gerne in Kontakt kommen möchten. Dagegen würde ein Lächeln für die Person, die Sie viel lieber kennenlernen möchten, es ihr ermöglichen, Sie anzusprechen.

**Es ist wichtig, sich in seiner Kleidung wohlzufühlen.** Sie sollte nicht zu eng sein, sondern angenehm anzuschauen, ohne dabei aufreizend zu sein. Das Wichtigste ist, dass Sie sich gefallen, wenn Sie vor dem Aufbruch noch einmal in den Spiegel blicken.

## Ihr »Auftritt«

Ihr Gang sollte entspannt und geschmeidig sein; einige Sitzungen über Körpersprache können Ihnen dabei helfen. Blicken Sie Ihrem Gegenüber stets in die Augen, wenn Sie ihm die Hand reichen und mit ihm sprechen. Ein ausweichender Blick wirkt beunruhigend. Betreten Sie den Raum ruhig, es besteht kein Grund zur Eile.

Lassen Sie Ihren Blick einmal ganz durch den Raum schweifen, nicht forschend, aber aufmerksam beobachtend.

# III. Werden Sie der AKTEUR IHRES LEBENS, der Schöpfer Ihrer Zukunft

*Ziehen Sie Bilanz: Welchen Einflüssen oder sogar Manipulationen waren Sie ausgesetzt (berücksichtigen Sie auch weit zurückliegende: Familie, Partner, falsche Freunde etc.)?*

## Seite 1:

**Negatives, das man mir als Kind in der Schule oder zu Hause gesagt hat:**
- Was habe ich gehört?
- Was habe ich geglaubt?
- Warum habe ich dieses Bild von mir vermittelt? Inwiefern kam es mir gelegen?
- Was an diesen Bemerkungen kann hilfreich für mich sein? Was erfahre ich über mich?
- Was weise ich zurück, was habe ich geändert oder könnte ich ändern?
- Was **erscheint** mir falsch? Von wem kommt diese Aussage, warum ausgerechnet diese? In welchen Situationen?
- Worauf zielten die Betreffenden mit dieser Äußerung ab?

*Sie sind jetzt erwachsen. Nachträgliches Jammern in der Art »Ach, hätte ich doch gewusst …!« ist fruchtlos und weckt eher Bedauern als (gute) Erinnerungen. Wir alle haben Stärken (und Schwächen), die andere dazu animieren könnten, den Kontakt mit uns zu suchen.*

Haben Sie erst einmal Ihre Stärken ermittelt (und auf Zettel geschrieben aufgehängt), müssen Sie herausfinden, wer Sie gern kontaktieren möchte und ob Sie damit einverstanden sind oder nicht.

**Von nun an werden Sie sich ein Leben mit selbst gewählten Freunden und mit sehr viel Freude aufbauen: der Freude, für Ihre neu geschaffene Umgebung selbst verantwortlich zu sein.**

Gehen Sie auf solche Menschen zu, die schon darauf warten. Sollten einige sich zurückziehen, dann deswegen, weil es den Betreffenden noch schwerer als Ihnen fällt, zu kommunizieren. Verübeln Sie es ihnen nicht, nehmen Sie keinen Anstoß daran, und vor allem: Setzen Sie sich deswegen nicht selbst herab. Es liegt an deren persönlichem Hintergrund …

## Pluspunkte, die Ihnen im Gedächtnis geblieben sind. Um als Gewinner aus dem Ganzen hervorzugehen, …

**… nehmen Sie sich die Zeit, sich zu erinnern. Manches davon kann sehr hilfreich für Sie sein. Suchen Sie bei Ihren damaligen oder heutigen Beziehungen, Großeltern, Lehrern, Freunden, Lebensgefährten nach Sätzen, die Ihnen geholfen haben:**

- Einige Worte des gemeinsamen Einverständnisses: Wer? Wo? Wie?
- Ein solidarischer Blick oder mehrere: Wer?
- Aufwertende Begriffe: Wer?
- Ein positiver Satz, der bewirkte, dass es Ihnen besser ging: Wer?
- Äußerungen, die eine schnellere Veränderung zum Besseren brachten: Wer?

Das kann über mehrere Tage hinweg geschehen, Erinnerungen sind haufenweise zu finden … Suchen Sie gut – ein Einfall, eine Erinnerung sind der Auslöser für weitere.

**Notieren Sie Ihre Erinnerungen, merken Sie sie sich, denken Sie an die Menschen, die sie geäußert haben, an alle Menschen, die Ihnen wohlgesinnt waren, selbst wenn sie in Ihrem Leben nur vorübergehend eine Rolle spielten.**
**Sie sind »Lebenshilfen« und zeigen Ihnen Gründe, weshalb Sie es verdienen, von Menschen umgeben zu sein, in deren Gesellschaft Sie sich aufgehoben fühlen.**

## Seite B:

**Betrachten Sie nun die Sätze und Kommentare, die Sie von Kindesbeinen an eher herabgesetzt und niedergedrückt haben. Schreiben Sie sie auf ein Blatt Papier und werfen Sie es in den Müll. Es sind Sätze, die Sie ausbremsen, Aussagen von gehässigen Menschen, die sich nicht wohl in ihrer Haut fühlen, und von falschen Freunden – gesagt aus Gründen, die diese Leute betreffen, aber nicht Sie.**

**Weitere Arten, sich selbst ein Freund zu sein und Freunde zu gewinnen (Verhaltensweisen anderer, die Ihnen gutgetan haben):**

- Eine freundschaftliche Geste. Welche?
- Ein betontes »Guten Tag« mit offenem, direktem Blick
- Ein anderer Satz als »Wie geht's?«
- Suchen Sie eine andere Formulierung für Ihre zukünftigen Freunde (eine Einladung zu einem gemeinsamen Essen).
- Weitere Vorschläge. Seien Sie kreativ. Tun Sie sich etwas Gutes. Und gehen Sie so auf andere zu, wie Sie es sich umgekehrt von ihnen wünschen würden.

**Einige vielsagende Beispiele:**

- »Wenn ich mich in einer Gruppe isoliert fühle, hätte ich gern, dass jemand mit einem Lächeln auf mich zukommt.« (Versuchen Sie es mit einer Person, die sehr zurückhaltend in einer Ecke steht.)
- »Mir ist es lieber, dass ich nicht nach der Uhrzeit gefragt werde, sondern dass mir jemand sagt, warum er oder sie hier ist, und mir Unbefangenheit vermittelt, damit wir über ein gemeinsames Thema ins Gespräch kommen.«

Das ist ein guter Anfang. Und daher ein guter Vorschlag …
Alle Aufmerksamkeiten sind Geschenke. Sie verdienen, sie zu empfangen – und zu geben.

**Entschluss, der an einer gut sichtbaren Stelle aufgehängt werden sollte:**

»Wer mich links liegen lässt, weiß nicht, was er verpasst …«

**und**

- Ich bin ein netter Mensch, weil:

..............................

..............................

- Würde ich mich selbst treffen, dann hätte ich gerne regelmäßig Kontakt mit mir, weil:

..............................

..............................



Mit diesen Übungen haben Sie ein gutes Rüstzeug, das Sie mit anderen teilen können. **Es wird Zeit, dass wir darüber sprechen, welchen Empfang Sie Ihren zukünftigen Freunden bereiten wollen – in einem angenehmen Rahmen und mit Schönwetterlaune.**

# AUFBRUCH:
# Kontakte und Freundschaften suchen

Vorab:

Um zukünftige Freunde willkommen zu heißen, ist es gut, ein sauberes, einladendes »Inneres« zu haben, in dem man sich gern aufhält und in das man gern zurückkehrt …
Das bedeutet, Sie haben eine solche gesundheitliche Verfassung bzw. ein solches körperliches und geistiges Erscheinungsbild, dass bei anderen der Wunsch geweckt wird, Ihnen näherzukommen – vergleichbar mit einer gut aufgeräumten, hellen, freundlichen Wohnung, in der man sich gerne aufhält.
Würden Sie auf einem weinerlichen, ungepflegten Freund zugehen, der ausschließlich über seine Scheidung spricht und über das, was er alles bereut?

Um dieser Karikatur möglichst unähnlich zu sein, hier ein paar Vorschläge:

- **Schreiben Sie alles auf, was Sie in gute Laune versetzt, bevor Sie jemanden bei sich begrüßen.**

- Beim Anziehen lege ich meine Lieblings-CD ein.
- Ich gehe nicht ans Telefon, falls es ein Störenfried sein sollte.
- Ein Schaumbad, ein Entspannungsprogramm.
- Ich fange nicht erst im letzten Moment an, aufzuräumen und sauber zu machen.
- Es ist nicht nötig, bis zur Erschöpfung alles blank zu wienern. Mein Lächeln ist wichtiger als ein frisch gewachster Parkettboden und besser, als wenn es nach Haushaltsreiniger riecht.

- **Überlegen Sie sich ein paar anregende Gesprächsthemen. Listen Sie Unternehmungen auf, die Ihnen Spaß machen, egal welche. Sie dürfen ein bisschen fantasieren.**

- Warum nicht ein Reiseplan nach Italien oder woandershin, je nachdem, wohin es Sie zieht?
- Suchen Sie im Internet, solche Vorhaben interessieren nicht nur einen. Und wer weiß, manche haben vielleicht noch ergänzende gute Informationen für Ihr Projekt.
- Gehen Sie zu Vorträgen und Gesprächsgruppen, belegen Sie einen Tanzkurs, werden Sie Mitglied einer Lese- oder Schreibgruppe … Informieren Sie sich, um unbekümmert darüber reden zu können. Es ist immer interessant, Menschen zuzuhören, die Zukunftspläne schmieden. Bitten Sie auch um Feedback und Kommentare, damit sie sich mit einbezogen fühlen.

- **Erinnern Sie sich an all das, was Sie als Jugendlicher tun wollten, aus dem aber bisher nichts geworden ist, und notieren Sie es.**

- **Schreiben Sie auf, was Sie lernen, entdecken möchten: Buchbinderei, Reisen, Töpfern, Zeichnen, Fotos, Länder (erstellen Sie eine Liste). Sprechen Sie darüber mit den Menschen in Ihrer Umgebung, teilen Sie sich anderen mit, sie können Ihnen gute Ratschläge geben.**

## *Und was das Haus anbelangt …*

*Vergessen Sie nicht, Ihre Bleibe entsprechend auf Vordermann zu bringen!*

*Werfen Sie alte Dinge, die niemand mehr braucht, weg, schaffen Sie sich neue Kissen oder sogar Sessel an, streichen Sie, hängen Sie einige Poster auf (in Ermangelung von Leinwänden großer Meister). Ein wenig Frühlingsduft tut dem Eingangsbereich und auch Ihnen gut.*

Schon beim Hereinkommen wird man fröhlich. Sie haben die Wahl: Wer hat ein Anrecht auf so viel Glück?

Ersetzen Sie vergilbte Porträts und Fotos durch lodernde und/oder beruhigende Farben: Ansichten leuchtender Wüsten, von Seen oder Bäumen. Stellen Sie fest, was Ihnen guttut - welche Farbtöne, welche Bilder -, damit die Freunde sich wohl- und ausgeruht fühlen und gut aufgelegt sind, wenn sie Ihr Zuhause betreten.

**Vorsicht mit Raumdüften, die Atmosphäre vermitteln sollen - manche können stören. Eine leichte Sprühdosis Lavendelwasser im Eingang genügt. Blumen sind zwar eigentlich nichts Besonderes, aber, falls nötig, können sie eine leere Ecke verschönern. Bringen Sie etwas Humor mit hinein, zum Beispiel eine lustige Zeichnung.**

Das Licht ist ebenfalls sehr wichtig. Einige verstreute Lampen mit sanftem Licht wirken gastlicher als eine zentrale Hängelampe. Ihre Inneneinrichtung ist weder ein Museum noch ein Krankenhauszimmer, sie sollte Ihre Persönlichkeit widerspiegeln. Einige Bücher und CDs hier und da ermöglichen es Neuankömmlingen, Sie einzuordnen und/oder sich für Sie zu interessieren.

Und warum sich nicht auch mit Feng-Shui befassen? Feng-Shui ist eine Art, die Gesundheit, das Wohlbefinden und den Wohlstand der Bewohner eines Hauses zu fördern. Es handelt sich um eine Lehre des **Daoismus**, ähnlich wie die **Traditionelle Chinesische Medizin** (TCM).

Vergessen Sie nicht die Toilettenecke. Dort ist alles erlaubt: Poster, Zeitschriften und sogar ... Toilettenpapier!
Manche Sorten sind inspirierter als andere ...
**Humor ist willkommen!**

**Nun sind Sie bereit, ein blühendes soziales Netz aufzubauen: Ihres!**
Um von anderen Menschen umgeben und beliebt zu sein, brauchen Sie keinen sensationellen Look – ein anregendes Gespräch genügt. Alles, was Sie aus Ihrer Lebensfreude heraus sagen, kann die Menschen in Ihrer Umgebung nur begeistern, sodass sie Sie näher kennenlernen wollen.
Die Projekte vermitteln Hoffnung und Dynamik, ihre Kräfte sind ansteckend. An Ihrer Seite und **bei Ihnen zu Hause** wird man sich wohlfühlen, und Sie brauchen nur noch auszuwählen, wer zum Kreis der Ihnen nahestehenden Personen gehören soll.

# V. Wo Sie Freunde finden

Sie sind jetzt so weit, dass Sie sich auf die Suche nach Gesellschaft machen können.
Alles in Ihnen und um Sie herum weckt in anderen den Wunsch, Sie kennenzulernen. Sie können losziehen ... aber wohin?
Im Gegensatz zur landläufigen Meinung gibt es immer mehr Orte, an denen man Leute kennenlernen und von da ausgehend auch Freundschaften knüpfen kann.

**In Ihrer oder der nächstgelegenen Stadt sollten Sie all diese Orte in ein Verzeichnis aufnehmen:**

- Alle Orte, an denen Leute zusammenkommen und die Ihren Interessen entsprechen. Es gibt derzeit sehr viele Clubs, Vereine und immer mehr (kostenlose) Internet-Sites, wo Sie Freunde gewinnen können (siehe z.B. www.freizeittreffen.de, www.comunda.de, www.mansuchtmich.de, www.swoove.com, www.heuteschonwasvor.de). Auf den überregionalen Websites schlagen die Mitglieder selbst Hobbys und Unternehmungen nach ihrem Geschmack vor. Sie brauchen nur noch zu wählen und ebenfalls vorzuschlagen, was Ihnen gefällt: Fotografieren, Reisen, Gesellschaftsspiele, Sport, Amateurtheater, Tanz, Wandern, Singen, Chor, Lese- und Schreibclubs etc.

- Alle Orte, an denen Vorträge stattfinden, vorausgesetzt, **anschließend** ist eine Diskussion geplant. Bei vielen Festivals (Film, Musik, Literatur, Theater …) gehört so etwas dazu. Immer mehr Kinos laden Regisseure ein, über ihren Film zu sprechen und mit den Zuschauern im Saal darüber zu diskutieren. Das fördert den Gedankenaustausch mit anderen – während der Diskussion und/oder am Ausgang.

- Alle Workshops und Kurse, deren Themen Sie neugierig machen und die darüber hinaus Ihre Kontaktfreudigkeit fördern könnten (Kurse, die sich mit Selbstbewusstsein, Sprechen in der Öffentlichkeit etc. beschäftigen).

**WICHTIG: Überlassen Sie nichts dem Zufall! Bevor Sie Orte und Aktivitäten ausfindig machen, listen Sie auf oder lesen Sie noch einmal nach, was Sie im Leben interessiert, wovon Sie schon seit Ihrer Kindheit träumen, was Sie noch nie gewagt haben und was nun zum Greifen nahe ist (siehe S. 20).**

An all diesen Orten werden Sie Gemeinsamkeiten mit den anderen Anwesenden finden und Sie können sich wie auf einem »Kontakt-Sprungbrett« einander nähern.
Vergessen Sie nicht, im Anschluss an die Aktivität vorzuschlagen (falls der Animateur es nicht tut), gemeinsam etwas trinken zu gehen. Niemand ergreift die Initiative? Seien Sie der- oder diejenige, man wird es Ihnen danken!
Nichts ist trauriger als eine Gruppe, deren Teilnehmer nach Hause gehen, ohne sich vorher mit einigen Worten bekannt gemacht zu haben. Seien Sie der »Initiator« dieser Idee, verteilen Sie Ihre Visitenkarte nach Belieben, lassen Sie eine Liste mit Namen und Adressen der Teilnehmer herumgehen.



**Wer wegen fehlender Gespräche enttäuscht ist, aber selbst nichts tut, um sie in Gang zu bringen, macht es sich ein bisschen zu leicht!**

Begegnungsplattformen gibt es heute ungeheuer viele. Es liegt an Ihnen, für ein Miteinander zu sorgen, das Sie warmherzig umgibt.

**Ziel:** Nie mehr ein Freitagabend oder ein Wochenende mit der Aussicht, ohne einen Menschen und ohne Gespräche dazusitzen und zu verzweifeln.

Immer noch sieht man viele Männer und Frauen allein vor dem Fernseher sitzen, die es bedauern, dass sie im Anschluss an eine Aktivität nicht mit den anderen etwas trinken gegangen sind oder sich zu einem weiteren Treffen verabredet haben.

**Das Leben besteht aus Beziehungen.**

## VI. Ausgehen und Menschen treffen: der große Tag

Sie haben sich eine erste Aktivität oder Ihren ersten Abend zum Ausgehen ausgesucht und kennen niemanden – genauso wie viele andere. Sollten Sie Lampenfieber haben, so ist das ein gutes Zeichen. Diese Energie ist unerlässlich, um sich gut in Szene zu setzen, und in der Öffentlichkeit verleiht sie Flügel.

*Berücksichtigen Sie alles, was Sie durch die bisherigen Übungen gelernt haben.*

## 1. Ihre Pluspunkte:

Erinnern Sie sich an alles Positive und Schöne, das über Sie gesagt wurde. (Vielleicht haben Sie sich bei unserem Test auf S. 10 Notizen gemacht?) Sie sind zuversichtlich, denn Sie sind sicher, dass Sie den Funken in sich tragen, der es anderen ermöglicht, auf Sie zuzugehen und Sie zu mögen.

## 2. Sie sprechen über …

… Ihre Interessen aus Vergangenheit und Gegenwart, über Ihre Freizeitaktivitäten und Ihre Persönlichkeit. Indem Sie über das, was Sie lieben, sprechen, werden Sie lebendig, mitreißend, geraten in Schwung. Alle Blicke richten sich auf Sie, Sie werden beneidet.
Eine gute Ausstrahlung setzt sich wie eine Welle fort und wirkt anziehender als ein perfekter Haarschnitt oder neue Schuhe …

Seien Sie nicht völlig überdreht, aber versinken Sie auch nicht im Erdboden. Allein schon das Nennen eines Films weckt Gefühle bei Ihren Mitmenschen: Die Gesichter hellen sich auf. Das wirkt ansteckend, man hört zu, antwortet. Die Stimmung belebt sich.

- Ich heiße Christine, wie wäre es, wenn wir uns alle hier am Tisch der Reihe nach vorstellen?
- Hier ist's ja nett, ich bin gekommen, um ............ und ihr/Sie?
- Ich fühle mich etwas unsicher, weil ich zum ersten Mal hier bin. Ich hoffe, wir können uns ein wenig kennenlernen. Ich heiße Christine … (ausgezeichnet, um die Atmosphäre zu entspannen, denn alle denken dasselbe, wagen aber nicht, es zu sagen).

**Schauen Sie sich um** und beobachten Sie, wer sich äußert und wie, aber lassen Sie sich nicht die Show stehlen. Hören Sie zu und kommen Sie dann wieder ins Gespräch.

**Tappen Sie nicht in die Falle der klassischen Gruppenphänomene:**

- Ein Trauerkloß versucht mit seinem Gejammer die ganze Aufmerksamkeit auf sich zu ziehen. Warum mussten Sie ausgerechnet den Tisch oder Stuhl neben ihm nehmen?!

- Ein narzisstisch veranlagter Mensch reißt die ganze Unterhaltung an sich.

- Ein Witzbold ist ein wenig anstrengend.

**Legen Sie sich eine Reaktion zurecht, mit der Sie den Kurs ändern und damit auch den anderen einen Gefallen tun.**

## Beispiel:

Zu demjenigen, der sehr pathetisch spricht:
- Ich mag die Art, wie du die Dinge darstellst, aber meinst du nicht, dass …?

Und zu einem anderen Gesprächsteilnehmer:
- Was sagst du denn dazu?

Und um bei denen Interesse zu wecken, die schon etwas eingeschlafen sind:
- Na gut, wie wäre es, wenn alle (reihum) mal etwas sagen?

Und den, der die gesamte Diskussion an sich reißt, können Sie ruhig unterbrechen – besonders wenn Sie merken, dass er schlechte Stimmung verbreitet.
- Darf ich zwischendurch mal etwas sagen?

Und den kleinen Witzbold vom Dienst stoppen Sie mit der Bemerkung:
- Lachen tut gut. Kennst du die Geschichte von …?

**Und wenn Sie sich wirklich immer noch unsicher fühlen, »outen« Sie sich mit einem Lächeln.** Unsicherheit verschwindet, wenn man über sie spricht; die Atmosphäre entspannt sich, indem Sie sagen, was alle denken, Sie erzeugen dadurch Solidarität. Danach brauchen Sie nur noch gemeinsam mit den anderen darüber zu lachen und ein Spiel vorzuschlagen (siehe weiter unten die Stimmungsspiele).

## Beispiel:

Raten Sie den Beruf der Gesprächsteilnehmer, ihre Lebensumstände, die Art, wie sie Ferien machen, etc.
Durch solche lustigen, lockeren Aufgaben lassen sich unerfreuliche Diskussionen über eine kurz zurückliegende Scheidung, die Lebenshaltungskosten oder andere Miesmacherthemen vermeiden.
Finden Sie Ihr inneres Kind wieder! Es gibt keine Altersbegrenzung für solche Spiele und Ihre Vorschläge machen aus Ihnen den sympathischen Star des Abends.

........................................................................

........................................................................

........................................................................

........................................................................

........................................................................

........................................................................

# Beziehungen auf den Weg bringen

## Unternehmungen und Namenliste:

Wenn Sie beharrlich dabeigeblieben und etwa zehnmal ausgegangen sind und verschiedene Dinge unternommen haben, sollten Sie einigen Personen mitgeteilt haben, dass Sie sie gern wiedersehen würden. Durch die gemeinsame Teilnahme an Veranstaltungen und Workshops haben Sie die Namen derjenigen, die vielleicht einmal Freunde werden könnten, schon herausgepickt und in Ihr Notizbuch eingetragen, mit wem Ihnen ein Wiedersehen wichtig ist. (Warum die Betreffenden nicht mit einem oder zwei diskreten Sternchen markieren, je nachdem, wie groß Ihr Interesse ist?)

## Ziel: Sich mit Menschen umgeben, Gespräche führen, zusammen lachen und sich vielleicht mögen

In Ihrem Adressbuch werden sich schnell mehrere Dutzend Telefonnummern und E-Mail-Adressen netter Menschen ansammeln. Nun können Sie denen, die Ihnen sympathisch sind und mit denen Sie die meisten Gemeinsamkeiten haben, vorschlagen, sich bei Ihnen zu Hause oder in einer ruhigen, gemütlichen Kneipe zu treffen. Der Weg ist nun geebnet, Sie haben keine Angst mehr und sind durch Übung und Wagemut kontaktfreudiger geworden!



**BRAVO, die Zukunft gehört Ihnen! Sie halten die Trümpfe schon in der Hand, nun heißt es, den nächsten Part vorzubereiten und zu spielen.**

# VIII. Freunde: Wer und warum?

## Spiel zum Definieren des Ziels: Emotionale Bedürfnisse und Sozialleben

**Nummerieren Sie in der Reihenfolge Ihrer Prioritäten die Kontakte, die Sie in Ihrem derzeitigen Leben am meisten vermissen:**

- ☐ Verbale Kommunikation, Ideen- und Meinungsaustausch
- ☐ Diskussionen über Themen, die Ihnen am Herzen liegen
- ☐ Menschliche Wärme, Gemeinsamkeit, Verständnis, dass jemand Ihnen zuhört, für Sie da ist
- ☐ Gemeinsame Aktivitäten und Hobbys, zusammen ausgehen
- ☐ Gemeinsame Pläne, Wochenenden, Ferien
- ☐ Solidarität: Status, Generation, familiäre Situation, Kinderbetreuung, gemeinsame Werte etc.
- ☐ Andere

**Diese Bedürfnisse nach Verbundenheit sind legitim; wenn sie befriedigt sind, ist Ihr inneres Gleichgewicht wiederhergestellt.**

Ich schlage vor, dass Sie in Ihrer Vergangenheit oder Gegenwart suchen, wer Ihnen Verbundenheit gebracht hat, wer sie Ihnen bringt. Vielleicht waren Ihnen diese Beziehungen bisher nicht bewusst. Das Wissen, dass es in unserer Umgebung Beziehungen gibt, die uns guttun, verleiht uns ein Gefühl der inneren Sicherheit.

All das zutage zu fördern ermöglicht es, in der richtigen Richtung nach Gesellschaft zu suchen.

**Pinnen Sie den nebenstehenden Satz an einem gut sichtbaren Ort an die Wand.**

»Um Interesse bei anderen zu erregen, ist es besser, ein interessantes Leben zu führen und darüber zu sprechen.«

## Allgemeine Überprüfung:

Merkwürdig, dieser mit einer negativen Konnotation behaftete Ausdruck »sich interessant machen« – ein Vorwurf, der manchen Kindern gemacht wird. Was gibt es Besseres, als sein Umfeld zu interessieren, als denen zuzuhören, die ein interessantes Leben haben?

Es gibt Menschen, auf die man gerne zugeht ... und andere.
Es gibt jene, die anziehend wirken, und diejenigen, von denen man sich lieber fernhält.
Besser, man gehört zu Ersteren.
Wir alle tragen den Funken in uns, der zum Leuchten bringt.
Wir brauchen ihn nur zu entdecken, ihn sichtbar zu machen, damit wir sehen, wie unsere Augen glänzen, um in anderen den Wunsch zu wecken, uns kennenlernen zu wollen.

## Weitere wichtige Vorschläge und Elemente, um auf sich zu vertrauen und sich mit anderen zu umgeben:

### Lächeln:

Wenn Sie nicht dümmlich oder naiv wirken wollen, sollten Sie besser nicht allein vor sich hinlächeln. Sie sollten aber jemanden finden, der Sie zum Lächeln bringt! Selbst ein finsteres Gesicht erhellt sich beim Sprechen.

Finden Sie einen Gesprächspartner, um zu zeigen, was sich hinter der unbewegten Fassade verbirgt. Erinnern Sie sich daran, dass die anderen nur auf ein Wort, ein Lächeln warten, um aus ihrer Einsamkeit und ihrem Schweigen herauszutreten. Es gibt immer eine Frage, die wir stellen, ein (positives) Gefühl, das wir äußern, ein Vorhaben, das wir erwähnen und so bewirken können, dass die Menschen in unserer Umgebung das Beste an uns entdecken. Alles hellt sich auf und erscheint leicht. Wenden Sie sich eher an diejenigen, die grünes Licht zeigen und nicht auf Rot stehen, und lächeln Sie sie an.

- **Seit Sie eine Liste der Dinge, die Sie glücklich machen, erstellt haben, dürfte sich bei Ihnen Lebensfreude bemerkbar machen.**

Beliebter sind diejenigen, die sich in einem Zustand der Freude äußern und nicht mit Groll oder Pessimismus (Binsenweisheit). Wählen Sie Ihr Lager.

Sprechen Sie über die positiven Aspekte Ihres Lebens, Ihre Neigungen, Leidenschaften, Reisen oder Vorhaben, um einen Austausch zu provozieren. Je reicher an Erfahrungen und Interessen Ihr Leben ist, desto mehr werden andere Ihre Worte schätzen.

Sich für das Leben interessieren, die Freizeit positiv ausfüllen: Das ist eine Regel des guten Lebens, die man zuerst selbst beachtet ... und die dann Freunde bringt.

### Tipp

Wenn Sie vor dem Ausgehen nicht besonders in Form sind, finden Sie Ihr magisches Rezept: ein Schaumbad, Ihre Lieblingsmusik, eine aufmunternde Freundin oder einen Freund anrufen, die oder der Sie wieder »aufrichtet«, Entspannung, ein Nickerchen ... Oder bleiben Sie zu Hause, morgen geht es wieder besser. Es gibt nichts Schlimmeres, als sich zu zwingen und mit Widerwillen auszugehen. Alles braucht seine Zeit. Morgen ist auch noch ein Tag.

## »Auftritt«: Blick und Sondieren des Terrains



Häufig kommt man in eine Gruppe, in der man niemanden kennt – das gilt auch für die anderen. Wer ist da, wie macht man sich vertraut, akklimatisiert sich und schließt neue Bekanntschaften?

**Betreten der Szene – Vorschläge:**

Treten Sie unauffällig ein, begrüßen Sie die verantwortliche Person oder den Gastgeber, soweit vorhanden, und stellen Sie sich möglichst knapp vor. Halten Sie dabei Augenkontakt und lächeln Sie: Sagen Sie Ihren Vor- und Nachnamen, warum Sie hier sind …

Bedanken Sie sich: »Danke für die Einladung; ich bin gekommen, weil ich mich über … informieren möchte«, etc.

## Übung

**Legen Sie sich in Ruhe Einstiegsformulierungen zurecht, beobachten Sie diejenigen, die sich wohlfühlen oder die so wirken …**

**Falls eine Gastgeberin oder ein Gastgeber Sie empfängt:**

- Warten Sie nicht darauf, dass man Sie vorstellt, denn das geschieht selten. Sagen Sie stattdessen selbst mit einem Lächeln Ihren Vor- und Nachnamen: »Ich heiße Christine Müller und bin zum ersten Mal hier …«
- Bei einer Zusammenkunft mit einer Gastgeberin oder einer Person, die Ankommende empfängt, vereinfacht dieser kleine Satz deren Arbeit und bewirkt, dass Sie sich wohler fühlen (siehe weiter unten Spiele zum Finden guter Formulierungen).

**Falls niemand sie empfängt, besonders in Cafés:**

- Lassen Sie, bevor Sie sich hinsetzen, den Blick einmal durch die Runde schweifen – dabei sollten Sie aber nicht inquisitorisch oder wie ein Spion wirken.
- Es ist sehr wichtig, wo Sie in der Gruppe Platz nehmen; je nach Platz können Sie sich langweilen oder aber Spaß haben. Wenn Sie Ihre potenziellen (sitzenden oder stehenden) Nachbarn gut beobachtet haben, wird Ihr Platz angenehm sein.
- In vielen Situationen, außer bei einem förmlichen Essen, kann man auch den Platz wechseln, um zu variieren und die Bekanntschaften unter die Lupe zu nehmen.

## Quiz:

**Was sagen Ihnen Blick und Haltung der folgenden Personen? Schreiben Sie es auf, bevor Sie sich die möglichen Antworten und einige Vorab-Tipps, ob und wie Sie jemanden ansprechen, anschauen.**

a) Blick nach oben ..............................

b) Eindringlicher Blick, der auf Sie oder eine andere Person gerichtet ist ..............................

c) Gesenkter Blick nach unten auf ein Dokument oder die Knie ....

..............................

d) Flüchtiger Seitenblick ..............................

e) Verschwommener, auf nichts Bestimmtes gerichteter Blick ......

f) Ausdrucksloser Blick auf Sie ..............................

g) Lächelnder Blick ..............................

h) Gleichgültiger Blick ..............................

i) Gelangweilter Blick ..............................



**Lösungen**
**Ihre Reaktionen: Auf wen gehen Sie zu?**

a) Wahrscheinlich befangen, unsicher, aber auch nicht störend, vielleicht träumerisch. Achten Sie auf die Haltung dieser Person, wenn Sie auf sie zugehen ... – falls Sie das wollen.
b) Neugier oder Anziehung. Kommt darauf an, ob Sie diesen Blick fürchten oder ob er in Ihnen den Wunsch nach Kontakt auslöst, um mehr zu erfahren. Wenn Sie den Blick fürchten, dann fragen Sie sich, was er in Ihnen hervorruft – eine Erinnerung, eine Person ...? Das ermöglicht Ihnen, die betreffende Person nicht zu bewerten, sondern zu wissen, dass ein Gefühl, eine Empfindung zuerst Ihre eigene Geschichte betrifft.
c) Vielleicht ein Schüchterner (wie Sie selbst?), überhaupt kein Risiko, noch nicht einmal das, zu kommunizieren. Wird es wahrscheinlich hinterher bereuen.
d) Fühlt sich nicht wohl, möchte am liebsten gehen, vielleicht einen schlechten Abend erwischt? Interessant, die Person anzusprechen und ihr zu sagen, dass man sich etwas unsicher fühlt, um Solidarität herzustellen.
e) Überhaupt kein Risiko, sieht niemanden. Gutes Mittel, selbst auch unbemerkt zu bleiben.
f) Sieht er oder sie mich oder nicht? Sehen Sie es sich näher an.
g) Was will der von mir? Oder: Ich fühle mich angenommen, den will ich kennenlernen.
h) Keine Gefahr, ich gehe hin.
i) Ich spreche die Person an, um herauszubekommen, warum sie sich offenbar langweilt.

## Wozu diese Übung?

Die Übung verdeutlicht, dass viele sich genauso unsicher fühlen wie Sie, weil sie allein gekommen sind.
Das verleiht Sicherheit. Noch besser ist es, Ihre Unsicherheit zu artikulieren. Sie haben schon gewonnen, wenn Sie diejenigen, die am offensten, am freundlichsten sind, ohne Umschweife ansprechen, bevor ein anderer es tut.
Wer passiv bleibt, bereut hinterher vielleicht sein Schweigen, das ein Zeichen dafür ist, dass ein anderer die besten Plätze, den besten Tisch belegt hat. So sollten Sie sich nicht verhalten.
Alles ist eine Frage der Übung und des Gespürs, gepaart mit ein bisschen Wagemut. Leben heißt, auch einmal etwas wagen …

Mithilfe der vorhergehenden Übung können wir unsere Verhaltensweisen herausfinden – und diese verbessern.
Besonders gut zum Üben eignen sich (Themen-)Cafés. Hier können Sie erst einmal in einem gebührendem Abstand Platz nehmen und Ihre Umgebung beobachten, bevor Sie sich zu jemandem an den Tisch setzen. Dasselbe gilt für Abendessen, die auf Internetseiten wie www.freizeittreffen.de oder www.comunda.de organisiert werden. Häufig lässt ein Aperitif im Stehen den Teilnehmern genug Zeit, sich zu orientieren …
Ein bisschen Übung, und Sie werden sich intuitiv zurechtfinden, ohne dabei ein Urteil über Ihre Tischnachbarn zu fällen – häufig mit der überraschenden Erkenntnis, dass deren Annäherung und Ansprache das Gegenteil dessen sind, was Sie sich vorher vorgestellt haben …



### Sie entscheiden über Ihre Gesellschaft

Warum halten sich manche stets bei den Mürrischen, den Nörglern und Pessimisten auf und entscheiden sich, nur solche Menschen um sich herum haben zu wollen, während andere am

Nebentisch lachen und sich fröhlich unterhalten? Sie selbst entscheiden, in welcher Gesellschaft Sie sich aufhalten.

Das Gespür für Ihre Umgebung können Sie lernen, und es verfeinert sich mit zunehmender Erfahrung. Bald ist es so weit und Sie werden sich bei der Wahl Ihres Platzes und Ihrer Kontakte nicht mehr irren.

## X. Fremde Menschen an einem geselligen Ort ansprechen

Der erste Kontakt ist gemacht, Sie haben sich entweder selbst vorgestellt oder die Gastgeberin oder der Animateur hat das übernommen. Warten Sie nicht ab. Es ist zwar nicht leicht, Unbekannte anzusprechen, weder für Sie noch für die anderen. Aber wer es wagt, sich mitzuteilen, sich vorzustellen und zu lächeln, ist bald von anderen umgeben.
Beobachten Sie diejenigen, die mit Worten schnell einen Platz einnehmen und Gespräche ankurbeln.
Was sagen sie?
Worüber kann man sprechen, wenn man sich nicht kennt?
Womit kann man das Interesse der anderen wecken?
Die vorhergehenden Übungen haben Sie darauf vorbereitet; Ihnen steht nun ein perfekter Beziehungs-Werkzeugkasten zur Verfügung.

*Das nächste Spiel: In der Gruppe in Erscheinung treten – wie gut sind Sie darin?*

## Annäherungsspiel

**Wählen Sie zuerst unter den folgenden kleinen einleitenden Sätzen und Antworten diejenigen aus, die Sie am ansprechendsten finden, und kreisen Sie jeweils den entsprechenden Buchstaben ein:**

**1.** a) Hat jemand den Film gestern auf dem Zweiten gesehen?
b) Was denkt ihr denn über … (nennen Sie eine populäre Serie oder einen bekannten Film).
c) Ich habe gehört, dass ihr über den Film soundso gesprochen habt. Wie findet ihr ihn?
d) Über den Film soundso wird ja momentan viel geredet. Wer möchte denn gern mit mir hingehen?

*(Nach einer gemeinsamen Aktivität:)*

**2.** a) Jeder ist für sich wieder gegangen, dieser Abend ist ein Reinfall.
b) Wer möchte etwas trinken gehen?
c) Es wäre doch schön, jetzt noch irgendwo etwas zu trinken!
d) Wie wäre es, wenn wir ins Café nebenan gehen, um uns kennenzulernen?
e) Das nächste Mal lade ich euch zu mir ein.

*(Während einer belanglosen Unterhaltung oder einer Stille:)*

**3.** a) Ich wohne in … oder in der Straße soundso … Da gefällt es mir gut, weil …
b) Und wo wohnst du?
c) Es wäre doch schön, unsere Adressen auszutauschen.
d) Hier ein Blatt Papier; ich habe meine Kontaktdaten aufgeschrieben und lasse es herumgehen.



*(Und nachher:)*

**4.** a) Keiner hat mich zurückgerufen. Ich bin es wirklich leid!
b) Ich weiß nicht mehr, was ich mit den Telefonnummern gemacht habe, die mir die anderen gegeben haben.

c) Hat keinen Sinn, die anderen anzurufen, die haben ja nie Zeit.
d) Wozu? Sie sollen mich anrufen, nicht ich sie.
e) Und wenn ich ihnen doch noch einmal etwas auf die Sprünge helfe?

**5.** a) Immer dasselbe. Nie schlägt jemand mal etwas vor!
b) Ich habe acht Personen eingeladen, drei sind nicht gekommen. Das mache ich nie wieder.
c) Ich würde nie Leute zu mir nach Hause einladen, die ich nicht kenne.
d) Sie sagen bestimmt Nein, sie haben etwas anderes zu tun.
e) Bei mir ist zu wenig Platz.
f) Es ist teuer, Leute zu sich einzuladen.
g) Ich gehe es an, komme, was wolle. Wenn der Abend gut läuft, mache ich es noch mal. Wenn sie nicht dabei sein wollen, wissen sie eben nicht, was sie verpassen!

**6.** a) Ich habe mich abgerackert, bin völlig erledigt und konnte mich nicht an den Gesprächen beteiligen.
b) Hinterher hatte ich einen Riesenabwasch!
c) Ich möchte nur zwei von ihnen wiedersehen. Was soll ich den anderen sagen?
d) Ich habe nicht den Eindruck, dass sie zufrieden waren.
e) Nicht schlecht fürs erste Mal, und beim Abwaschen haben sie mir auch geholfen.

**7.** a) Warum schlägt mir nie jemand etwas vor?
b) Ich habe mich bemüht und sie eingeladen, nun tue ich nichts mehr. Jetzt ist der Nächste dran.
c) Uns noch einmal treffen? Wozu denn?
d) Niemand war für den Ausflug, den ich vorgeschlagen habe.
e) Es war gut, das mache ich wieder.
f) Es war mittelmäßig, ich werde mal sehen. Ich habe mir aber bewiesen, dass es möglich ist.

**8.** a) Dann muss ich mich in die Küche stellen.
b) Das traue ich mich nie, sie darum zu bitten, dass sie sich finanziell beteiligen.
c) Allen einen Teller bringen? Dann mache ich lieber ein Picknick.
d) Und wenn sie keine Pizza mögen?
e) Ich kann nicht kochen.
f) Dass man sich kennenlernt, darauf kommt es an.
g) Wir könnten Spiele machen.



(Lösungen auf S. 35)

## Wenn eine Gesprächspause entsteht ...

Wenn niemand wagt, das Schweigen zu brechen, warten Sie nicht, bis die Stimmung schlecht wird. Mein Tipp: Steigen Sie auf die ehrlichste Art ein:

»Gar nicht so leicht, ein Gespräch anzufangen, wenn man sich nicht kennt!«

Sie werden überrascht sein zu sehen, wie erleichtert all die sind, die sich nicht getraut haben, das auszusprechen.

»Wir könnten uns vorstellen und von unseren Interessen erzählen oder reihum sagen, was wir mögen. Ich kann gern den Anfang machen.«

Fahren Sie dann fort mit Ihrem Vornamen, Ihrem Beruf, einem Ihrer Interessen und sagen Sie vielleicht, warum Sie da sind. Das Wichtige dabei: Seien Sie so spontan wie möglich. Eine gewählte Ausdrucksweise oder das Suchen nach Worten sind unnötig.

**Vermeiden Sie als Themen unbedingt Politik und Religion!**
**Dasselbe gilt für die aktuellen Nachrichten im Fernsehen.**

Sie werden umgehend feststellen, dass die Gesichter sich aufhellen und die Menschen um Sie herum Ihnen mit einem Lächeln danken ... Was für eine schöne Art und Weise, seinen Platz in einer Gruppe einzunehmen!

**Ein paar Ideen für Gesprächsthemen:**

- ein neuer Film, den vielleicht alle oder fast alle gesehen haben (nicht zu kompliziert/anspruchsvoll oder intellektuell, kein Porno und auch kein Zeichentrickfilm);
- eine Reise oder ein Reiseprojekt, das Ihnen am Herzen liegt;
- eine heitere Fernsehsendung.

**Dass andere sich für mich interessieren, erreiche ich am besten, indem ich mich für mein Leben interessiere, es liebe und das auch zeige!**

Seine Freizeit gut zu verbringen gehört zu einem guten Leben, das auf andere ansteckend wirkt.

Ein gutes Leben ermöglicht es gleichzeitig, sich nie zu langweilen und von anderen umgeben zu sein. Orte, Clubs und Vereine, wo man aufgrund gemeinsamer Interessen Menschen kennenlernt, bieten die Möglichkeit, gegenseitig Adressen auszutauschen. **Freundschaft beginnt mit dem Austauschen von Visitenkarten.**

## Lösungen des Annäherungsspiels:

**1.** a) Das Thema ist etwas unpersönlich. Stellen wir uns vor, keiner hätte den Film gesehen. Dennoch könnte die Frage Fans von Fernsehserien, Thrillern und Liebesfilmen in verschiedene Lager spalten und folglich ein Streitgespräch auslösen. Ist es wirklich sinnvoll, beim ersten Treffen zu riskieren, dass es zu gegnerischen Positionen kommt?

b) An wen richtet sich die Frage? Es handelt sich um Gruppen und nicht um ein Gespräch unter vier Augen. Wer fühlt sich angesprochen? So provoziert man entweder, dass die Gespräche zum Erliegen kommen oder dass es zu viele Reaktionen auf einmal gibt.

c) Ebenso: Perfekt passend für ein vertrauliches Gespräch, denn die Frage lässt die Person, die man nach ihrer Meinung fragt, in den Vordergrund treten.

d) Anregend, ist auf ein zukünftiges Vorhaben ausgerichtet. Ermöglicht den Gruppenmitgliedern, sich als Teilnehmende, kontaktfreudig, nicht motiviert oder wenig kontaktfreudig zu erkennen zu geben.

**2.** a) Und warum wurde nichts vorgeschlagen? Bei der Suche nach Freunden geschieht nichts, wenn alle darauf warten, dass andere den ersten Schritt tun. Die Person, die kontaktfreudig und motiviert ist, ergreift die Initiative.

b) Unpersönlich, bleibt meistens ohne Resonanz.

c) Ebenso; allerdings mit einem konkreten Aufhänger, der unserem Wunsch positiv Ausdruck verleiht.

d) Nicht schlecht; ist offener, wagt sich vor. Stößt oft auf Akzeptanz.

e) Warum nicht … aber warum warten?

**3.** a) Ja, und dann? Ermöglicht, sich zu positionieren, ist aber eine geschlossene Mitteilung und bleibt daher wahrscheinlich ohne Reaktion.

b) Zu persönlich und bestimmend.

c) Ja, kann funktionieren, wirkt aber etwas schüchtern. Außerdem besteht die Gefahr, dass einfach nur mit »Ja« geantwortet wird, ohne dass etwas geschieht.

d) Bravo für die Initiative. Solch ein Blatt sollte es in allen Gruppenveranstaltungen geben, damit man sich nicht aus den Augen verliert.

**4.** a) Erwartungshaltung. Wenden Sie es ins Positive: Pech für sie – bleiben sie eben allein. Das Schweigen kann auf andere Dinge zurückzuführen sein als auf die Persönlichkeit desjenigen, der die Initiative ergriffen hat. Die Erfahrung wiederholen, denn um etwa zehn Freunde zu finden, sind mehrere Mahlzeiten und Treffen nötig, bevor man aussortiert …

b) Das nennt man eine freudsche Fehlleistung. Sicherlich mangelnde Motivation, nicht genügend Selbstvertrauen (vorhergehende Spiele und Tests wiederholen).
c) Ebenso; die Motivation sollte geprüft werden. Will man allein bleiben oder Freunde finden? Von nichts kommt nichts.
d) Gute Frage.
e) Man kann tatsächlich noch einmal nachhaken, mit einer Karte, einer gut formulierten Mail an diejenigen, die man gern wiedersehen würde: »Ich habe eure Gesellschaft und unseren Abend sehr genossen und würde mich freuen, das Ganze noch einmal zu wiederholen. Bis bald.«
Wenn innerhalb von zehn Tagen keine Antwort kommt, vergessen Sie es und wenden Sie sich an andere Personen wegen anderer Treffen. Aber dadurch haben Sie Gewissheit.

**5.** a) Jeder kann von Sorgen und Unwägbarkeiten heimgesucht werden. Toleranz gehört mit zur Geselligkeit.
b) Perfekt, drei von acht, das ist gar nicht schlecht. Die anderen sind wahrscheinlich nicht motiviert genug, haben keine positive Einstellung oder sind abgelenkt. Beharrlich bleiben und es mit anderen Leuten versuchen. Gute Motivation ist besser, als zu resignieren und zu jammern.
c) Schade … Neue Freunde sind zwangsläufig am Anfang Unbekannte. In diesem Fall können Sie planen, in einem netten, nicht zu lauten Café etwas zu trinken. Für das erste Mal wird so Ihre Privatsphäre weniger berührt.
d) Schlechter Ausgangspunkt, Herabsetzung Ihrer selbst, an der Sie arbeiten sollten. Ja, die anderen haben vielleicht etwas anderes zu tun, ebenso wie wir manchmal. Kein Grund, sich deswegen selbst infrage zu stellen!
e) Ich habe schon schöne Treffen auf 50 Quadratmetern erlebt, bei denen jeder ein Kissen zum Sitzen mitbrachte. Warum kompliziert, wenn es auch einfach geht? Es lohnt sich, die Möbel einmal zu verschieben, um gemeinsam zu genießen und zu lachen.
f) Immer diese vorgeschobenen Gründe, um allein zu bleiben. Glücklicherweise haben auch arme Menschen Freunde.
g) Gute Idee.



**6.** a) Bei Überlastung ist es gut, hin und wieder eine Pause einzulegen. Und auch, um Rückmeldung zu bitten. Denn es ist in Ordnung, wenn man seine Fehler aufdecken will, um sie künftig zu vermeiden.

Es gibt nämlich mehr Waggons als Lokomotiven, und Sie können sich beglückwünschen, dass Sie zu Letzteren gehören. Wer eine Aktivität vorschlägt oder zu sich einlädt, tut das zuallererst für sich selbst, ohne Danksagungen zu erwarten. Wichtig ist, dass der Abend für den, der ihn initiiert hat, angenehm ist. Also: Zwingen Sie sich nicht, sondern rufen Sie sich Ihr Ziel in Erinnerung. Für einen guten Erfolg braucht man oft mehrere Anläufe.

b) Dies weist darauf hin, dass der Abend nicht vorrangig dazu gedacht war, Ihnen selbst Freude zu bereiten. Auch wenn man die Wünsche der anderen nicht kennt, so kennt man doch im Prinzip seine eigenen. Für manche bedeutet das, andere fürstlich zu bewirten – sie laufen jedoch Gefahr, sich zu sehr zu verausgaben und den Abend nur noch erschöpft zu ertragen. Andere hingegen halten es einfach, ohne Eindruck schinden zu wollen, und stellen die zwischenmenschliche Atmosphäre in den Vordergrund. Eine Gastgeberin, die ein Soufflé zubereitet oder eine Speise, die ständig kontrolliert werden muss, steht den Gästen nicht zur Verfügung; sie kann den Beziehungsaspekt nicht regeln und nicht dafür sorgen, dass es »gute« Gesprächsthemen gibt, dass alle sich mitteilen und fröhlich umwerfende Stimmung kreieren. Also: lieber leichte, einfache Mahlzeiten zubereiten, à la Aperitif mit Appetithäppchen oder Buffet im Sitzen. Schlemmen ist deswegen trotzdem noch möglich, aber das ständige Wechseln der Teller kann vermieden werden.

c) Zwei »interessante« Personen, die man aus einer Gruppe von acht bis zehn Leuten noch einmal wiedersehen möchte – das ist eine gute Quote. Es reicht, die Erfahrung ohne Zeitdruck zu wiederholen; einmal monatlich zusätzlich zu weiteren Unternehmungen sollte genügen.

d) Wenn Sie es sich haben gutgehen lassen und die Leute nicht direkt nach dem Nachtisch wieder gegangen sind, überhaupt kein Problem, außer vielleicht, dass jemand sich schlecht benommen hat, was eigentlich vermieden werden sollte. Hüten Sie sich auch hier vor mangelndem Selbstvertrauen. Im Allgemeinen ist eine solche Initiative willkommen und stößt auf Bewunderung bei Menschen, die Angst haben, selbst aktiv zu werden – auch wenn es keine entsprechenden Reaktionen gab …

e) Bravo, Sie haben gewonnen!

**7.** a) Immer noch das Problem der Lokomotive und der Waggons … Wer beschließt, sein Netz selbst zu kreieren, ist glücklicher als jemand, der erwartet, dass alles von den anderen ausgeht.

b) Warum nicht? Es ist doch schade … Man könnte die Sympathischsten unter ihnen noch einmal anrufen und ihnen sagen: »Es wäre doch schön, auch einmal bei dir zu feiern.«
Natürlich gibt es keine Garantie, dass jemand darauf reagiert, aber es ist immer besser, es zu probieren …

c) Also haben Sie den Abend in schlechter Erinnerung? Oder sind Sie zu bequem, um mit dem gleichen Elan weiterzumachen? Einsamkeit kann man sich schaffen, und Freunde kann man sich schaffen. Man kann auch einen »Partner-Waggon« oder einen Kopiloten finden, um sich die Organisation zu teilen.

d) Viele klagen über Einsamkeit, tun aber nichts dagegen … und bereuen es später bitterlich. Beglückwünschen Sie sich, dass Sie nicht so sind, und schlagen Sie einer längeren Liste von »Kandidaten« einen Abend zur Vorbereitung eines Ausflugs vor; oder machen Sie den Vorschlag, wenn Sie sie in einem Club treffen, ganz spontan.

e) Gute, positive Reaktion, die man mit einem Feedback der Teilnehmer ergänzen könnte.

f) Ebenfalls eine gute Reaktion, denn es handelt sich um eine Übung, also darum, Fortschritte zu machen und sich bei jeder neu ergriffenen Initiative zu beglückwünschen.

**8.** a) Und was ist mit der Buffet-Methode? Eine Pasta-Party oder eine fröhliche Runde mit Wurstplatte, Salaten, Käse und Früchten kann auch sehr nett sein.

b) Schade, das ist durchaus üblich. Sie brauchen nicht so zu tun, als seien Sie Krösus; das Finanzielle hat nichts mit Freundschaft zu tun.
Es kann auch etwas Schmeichelhaftes haben, allen vorzuschlagen, ihr Lieblingsgericht mitzubringen, und selbst für Getränke und Nachtisch zu sorgen.

c) Warum nicht? Was könnte im Sommer schöner sein?
d) Kommt selten vor, Alternative: ein zweites Gericht anbieten oder vorher fragen.
e) Umso besser, niemand verlangt von Ihnen, sich an den Herd zu stellen; Sie sollen vielmehr für eine super Atmosphäre der Geselligkeit sorgen.
f) Stimmt, genau so ist es.
g) Ja, siehe das Spiel »Ein guter Freund« auf S. 41.

**Bravo, Sie haben das Wesentliche in puncto »Beziehungen ins Leben rufen« erfasst!**

Es ist gut, diese Übung vor jedem Ausgehen, das Ihnen etwas heikel erscheint, zu wiederholen.

Nach und nach kommen die Sätze ganz von allein, und man wird Ihre Unbeschwertheit bewundern ...

> **»Die einzige Art, einen Freund zu haben, ist der, selbst einer zu sein.«**
>
> Ralph Waldo Emerson

## XI. Sind Sie ein guter Freund?

(Antworten Sie spontan und offen)



Nachdem Sie Ihr erstes »Auftreten« und die erste Kontaktaufnahme vorbereitet haben, sind wir nun bei der nächsten Etappe angelangt: bei konkreten Situationen und Möglichkeiten, gute Beziehungen zu pflegen und andere zu vermeiden.

In diesem Teil des Übungshefts werfen wir einen Blick auf die häufigsten Lebenssituationen im Zusammenhang mit Beziehungen zu anderen.
Von Ihrer Reaktion hängt es ab, ob Ihr Sozialleben harmonisch oder kompliziert ist. Jetzt brauchen Sie nur noch zu spielen … (zwei mögliche Antworten pro Eintrag).

## Das Spiel »Ein guter Freund«

**A. Sie sehen fern, und das Telefon klingelt**

1) O nein, nicht jetzt! Ich geh' nicht ran.
2) Der AB ist ja an, dann sehe ich später, wer's war.
3) Ich blicke auf die Anzeige, für alle Fälle.
4) Ich gehe dran, vielleicht ist es etwas Dringendes.
5) Ich gehe nur ans Telefon, um zu sagen, dass ich zurückrufe.

**B. Einladung zum Abendessen**

1) Ich frage, wer alles kommt.
2) Ich danke und freue mich.
3) Da muss ich wohl wieder einmal eine Ausrede finden.
4) Treffen zu zweit sind mir lieber, mit Fremden in einer Gruppe fühle ich mich nicht wohl.
5) Ich werde fragen, ob es ein Problem ist, wenn ich nicht komme.



**C. Bitte um einen Gefallen**

1) Warum müssen die immer mich fragen?
2) Das ist jetzt das dritte Mal. Nun langt's aber, ich lehne ab.
3) O.k., aber bei Gelegenheit sollen sie auch mal auf meine Kinder aufpassen.

4) Ich kann nicht, aber ich finde eine andere Lösung für sie.
5) In dringenden Fällen bin ich immer für sie da.

**D. Es klingelt: Überraschungsbesuch!**

1) Das ist wirklich dreist! Ich merke schon, dass ich eine Flappe ziehen werde.
2) Ablehnung: Tut mir leid, ich bin krank.
3) Die Antwort ist Nein, ich möchte immer, dass man mir vorher Bescheid gibt.
4) Vielleicht gibt es ein dringendes Problem, ich sehe mal nach.
5) Nichts im Kühlschrank, aber an der Ecke gibt es Pizza.
6) Lustig, die Besorgungen machen wir zusammen.

**E. Die Tochter einer Freundin heiratet**

1) Ich habe nichts zum Anziehen.
2) Ich hasse Hochzeiten, ich lasse mir eine Ausrede einfallen.
3) Ich erkläre ihr, dass ich sie und das Paar lieber ein andermal im kleinen Kreis sehen möchte.
4) Toll, eine Gelegenheit zu feiern.
5) Schon seit geraumer Zeit wünscht sie sich, dass ihre Tochter Glück und Liebe findet … Ich freue mich und werde es ihr sagen!
6) Ich muss nicht unbedingt hingehen, werde mir aber eine nette Antwort und ein Geschenk einfallen lassen.

**F. Eine Freundin/ein Freund will nicht allein in Urlaub fahren und kontaktiert mich**

1) Wohin, wie, wie viel kostet das?
2) Wir haben bestimmt nicht dieselben Gewohnheiten im Urlaub, darüber müssen wir vorher reden. Ermüdend.
3) Warum nicht, aber mit Einzelzimmern.
4) Wir haben nicht denselben Geschmack/dieselben Interessen, ich muss ihr/ihm bestimmt überallhin hinterherlaufen. Verdorbene Ferien.

5) Drei Tage, na gut, aber wenn es länger dauert, sind Konflikte vorprogrammiert …
6) Gute Idee, muss aber vorher ausgehandelt werden, damit beide auf ihre Kosten kommen.
7) Ich habe keine Lust, eine Notlösung für Einsame zu sein.

**G. Ein Freund/eine Freundin bittet um Zeugenaussage**

1) Keine Lust, mich in die Nesseln zu setzen.
2) Zu gefährlich, sie hat vielleicht eine große Dummheit gemacht.
3) Ich spreche mit ihr darüber.
4) Sie hat mein ganzes Vertrauen, ich mache es.
5) Und wenn ich selbst mal in eine solche Situation käme?

**H. Einem Freund geht es schlecht**

1) Vielleicht ist es schlimm, ich fahre schnell zu ihm.
2) Ich rufe erst einmal an, um mehr zu erfahren, dann sehe ich weiter.
3) Es ist die Aufgabe seiner Familie, sich um ihn zu kümmern, nicht meine.
4) Ich wende mich an seine Tochter/seinen Sohn und finde mehr heraus.
5) Wir sollten uns zusammentun, um ihm zu helfen, ich rufe Freunde an.

## Lösungen des Spiels »Ein guter Freund«

**Wenn Sie es sich wünschen könnten, was sollte man für Sie tun? Alles ist möglich.**

Ich habe jedes Mal zwei mögliche Antworten, die jeweils die beiden Gesprächspartner respektieren.

**A.** Wahrscheinlich wird ein guter Freund/eine gute Freundin wenigstens den Namen auf der Anzeige sehen wollen; oder Antwort 5 (= Bescheid sagen, dass man zurückruft).

**B.** Sich zu bedanken und hinzugehen ist das, was man von einem Freund/einer Freundin erwarten kann. Allenfalls noch in aller Aufrichtigkeit Antwort 4 (= lieber Treffen zu zweit) oder eine echte, plausible Entschuldigung.

**C.** Ehrlich sagen, dass man nicht kann, und eine Lösung finden oder zusagen – das würde man von einem Freund/einer Freundin erwarten.

**D.** Wenn Sie vorher nicht klargestellt haben, dass man einen Besuch bei Ihnen immer ankündigen soll, dann machen Sie wenigstens gute Miene zum bösen Spiel, und sprechen Sie klärende Worte – für das nächste Mal. Es ist auch möglich, zu sagen, man sei momentan unabkömmlich, was man ja auch ist … im Kopf.

**E.** Bravo für diejenigen, die gerne feiern; ansonsten Antwort 5 und/oder 6.

**F.** Antwort 3 oder 6; wobei klar ist, dass eine echte Freundin/ein echter Freund, die/den man sich schließlich selbst ausgesucht hat, für ein paar Tage Urlaub keine Last sein kann …

**G.** Antwort 3 oder 5 nach einem ehrlichen Gespräch über die Situation.

**H.** Antwort 5 wäre für alle vorzuziehen und sicherlich empfehlenswert, um darüber zu entscheiden, wie man sich am besten verhält.

Antwort 2 – warum nicht? Je nach Situation im Krankenhaus oder zu Hause anrufen.

## Schlussfolgerung aus der Übung

Wie die Liebe ist die Freundschaft ein Gefühl, das auf Gegenseitigkeit beruht oder auch nicht, doch jeder hat das Recht, sich zu entscheiden. Deswegen sind mehrere Antworten und außerdem weitere Antworten zusätzlich zu denen möglich, die Sie vorfinden – immer vorausgesetzt, es herrschen Vertrauen und Respekt vor. Sie können sich auch andere Situationen und entsprechende Antworten ausdenken und mit Ihren neuen Freunden spielen …



Wichtig dabei ist, dass Sie sich selbst darüber klar werden, ob Ihre Reaktion »richtig« ist in dem Sinne, dass sie Ihnen entspricht, dass Sie keine Schuldgefühle haben und weder Bedauern noch Bitterkeit empfinden, nachdem Sie auf die Situation

reagiert haben. Es ist sinnvoll, gut nachzudenken, bevor man eine Entscheidung trifft, seine Meinung kundtut oder etwas unternimmt. Lassen Sie sich Zeit, wenn Sie sich nicht bereit fühlen, sagen Sie, dass Sie es sich überlegen, denn nichts ist schlimmer als übereilte Entscheidungen.
Auch wenn Sie es eigentlich vermeiden sollten: Denken Sie daran, dass nichts endgültig ist und dass Sie Ihre Einstellung später noch berichtigen bzw. ändern und sich gegebenenfalls entschuldigen können.

## Nicht zu vergessen: die Zutaten der Freundschaft

Gegenseitiges Vertrauen, das in den ersten Monaten der Freundschaft unter Beweis gestellt wird und bedeutet, dass man sich alles sagen kann, ohne jemals dafür verurteilt zu werden, und umgekehrt.
Um welche Diskussion auch immer es geht: Achten Sie auf Ihre Wortwahl.
Sagen Sie »der Film gefällt mir nicht« statt »das ist ein mieser Film«, denn Letzteres könnte diejenigen herabsetzen, denen der Film gefallen hat; oder »mit der aktuellen Mode habe ich Probleme« statt »die jetzige Mode sieht lächerlich aus« zu jemandem, der stets nach dem letzten Schrei gekleidet ist.

Vermeiden Sie Verallgemeinerungen in der Art »Jugendliche sind allesamt ...«. Seien Sie offen für andere Meinungen.

**Unterschiede akzeptieren:** Man kann nicht in allem denselben Geschmack haben. Auch wenn Sie einmal eine Rangfolge Ihrer wichtigsten Werte festgelegt haben, die manchen Beziehungen schaden könnten, wird es immer noch Menschen geben, die ein anderes Leben führen als Sie. **Unterschiede sind bereichernd und können sich ergänzen. Öffnen Sie sich für sie.**

## XII. Vorschläge anderer

Sie haben Kontakte geknüpft. Mehrere gut gelaufene Ausgehabende haben es Ihnen ermöglicht, die Liste Ihrer Kontakte zu erweitern. Sie haben sogar Treffen mit neuen Bekannten organisiert, an Gruppen teilgenommen und natürlich Ihre Kontaktdaten an die Sympathischsten weitergegeben.

Da Sie lächeln und auf sich selbst vertrauen, werden diese Leute ihrerseits Kontakt zu Ihnen aufnehmen und Ihnen Unternehmungen und Projekte vorschlagen.

Auch hier ist es wieder wichtig, »richtig« zu antworten, um gut mit den anderen auszukommen und mit ihnen zu harmonieren, selbst wenn ein Vorschlag Ihnen einmal nicht gefällt. Es gibt immer eine respektvolle Art, Dinge abzulehnen und sich verständlich zu machen. Ja zu sagen, wenn Sie Nein meinen, birgt das Risiko, dass Sie anschließend in Schwierigkeiten geraten und Momente der gemeinsamen Freude aufs Spiel setzen.

## Übung

Es kann sein, dass jemand in einer neuen Gruppe einen Vorschlag macht oder dass jemand Sie anruft und Ihnen eine Unternehmung vorschlägt.
Diese Angebote sind allen, die bei der Vorstellung von einem einsamen Wochenende in Verzweiflung geraten, willkommen.

**Ihre Reaktionen auf Einladungen. Mehrere Möglichkeiten:**

1. Das, was Ihnen vorgeschlagen wird, spricht mich gar nicht an.
2. Na ja, ich habe eigentlich keine Lust, etwas zu unternehmen.
3. Warum nicht? Besser, als zu Hause zu bleiben.
4. Und wenn ich aus Neugier hinginge?
5. Das ist genau mein Ding, danke, ich komme gern mit.

**Reaktionen, bei denen Sie Ihre Entscheidung respektieren, ohne den anderen zu verletzen:**

**1–2:**

a) Vielen Dank, nett, dass Sie an mich gedacht haben, ich rufe Sie noch mal an.
b) Im Moment bin ich leider sehr beschäftigt.
c) Mein Sohn kommt/ich bin krank. Wie schade!
d) Das würde ich zwar sehr gerne machen, aber … (es folgen vage Ausreden).
e) Ich würde Sie sehr gerne noch einmal treffen, aber lieber bei einer anderen Aktivität. Was halten Sie davon, wenn wir …

**3–4:**

a) Wo findet es denn statt? Mit wem?
b) Kostet es etwas?
c) Vielleicht, wenn das Wetter schön ist.
d) Ich weiß nicht, ob ich Zeit habe.
e) Ich werde Ihnen am betreffenden Tag Bescheid geben.
f) Ich schwanke noch etwas, aber es würde mir bestimmt guttun. Danke.



**5:**

a) Super Idee, wann und wo treffen wir uns?
b) Hinterher können wir noch zu mir gehen.
c) Das wäre ein guter Weg, sich besser kennenzulernen.
d) Ich kann Ihnen helfen, Anrufe zu erledigen.

## Kommentare

**Es ist wichtig, dass Sie sich selbst und anderen gegenüber aufrichtig sind, sonst laufen Sie Gefahr, dass Ihre Ausrede ans Licht kommt und man Ihnen beim nächsten Mal mit Misstrauen begegnet.**

**Die besten Antworten in diesem Sinne wären:**
1–2 = e
3–4 = a oder f
5 = Alles ist in Ordnung, vorausgesetzt, Sie meinen es wirklich.

**In jeder Situation sagen können und üben zu sagen:**
- Ich möchte: »Gute Idee!«
- Danke, dass Sie an mich gedacht haben, aber das ist nicht so ganz mein Ding, wir können ja noch einmal Kontakt aufnehmen, um etwas anderes zu unternehmen.
- Ich weiß nicht, aber ich überlege es mir und sage schnell Bescheid.

Klären Sie, ob die Plätze begrenzt sind; lassen Sie die Person, die Ihnen etwas vorschlägt, nicht zu lange warten.
Wie auch immer Ihre Antwort ausfällt, sie muss die anderen respektieren.

**All das macht uns selbst und unseren Freunden das Leben leichter,** denn es bewirkt, dass man als ehrlicher, offener Mensch angesehen wird.
Um zu merken, wie kompliziert und mühselig es ist, sich mit Leuten herumzuschlagen, die sich winden oder ständig unentschlossen sind, kann man die Situation auch einmal umkehren.
Diese Übung ist für all diejenigen gut, denen es schwerfällt, Ja oder Nein zu sagen und dabei weiterhin die anderen zu respektieren. Es ist ratsam, eine ruhige, ehrliche Wortwahl zu üben, ganz unabhängig von der jeweiligen Antwort. Seien Sie klar und direkt.

## Nicht zu vergessen: Von wem kommt der Vorschlag?

Manche Menschen machen vor Freude Luftsprünge, wenn sie zu etwas eingeladen werden, das sie schon seit Langem tun wollten.

Wer sich als Erstes fragt, warum er eine Einladung bekommen hat – überrascht oder weil er Komplexe hat –, dem empfehle ich einige Überlegungen, bevor er antwortet.

**Achtung: Manche Reaktionen mögen sich als gerechtfertigt und ehrlich herausstellen, während andere sich vielleicht als Ausrede erweisen, um Gelegenheiten zu einem Treffen möglichst zu vermeiden oder ganz zu verhindern.**

**Was empfinde ich gegenüber der Person, die den Vorschlag macht?**

- Sympathie, ich habe Fragen, bin besorgt, wie er oder sie sich präsentiert und/oder verhält.
- Bewunderung, körperliche Anziehung.
- Ich fühle mich ihm/ihr nicht gewachsen.
- Warum ich?
- Zu schnell für mich, ich habe es nicht so eilig.
- Lust, mehr über sie oder ihn zu erfahren.
- Abneigung; kommt absolut nicht infrage.

Aus den Antworten soll ersichtlich werden, wen Sie gern kennenlernen würden und warum, vor allem aber, warum Sie manchen mit Vorbehalten begegnen oder Ablehnung für sie empfinden.
Die meisten Reaktionen bei ersten Kontakten sind Vorurteile, die mit unserem persönlichen Werdegang und anderen Begegnungen zusammenhängen und oft schon seit Langem keine Berechtigung mehr haben. Wer sich das bewusst macht, kann sich darüber hinwegsetzen und sein Gegenüber erst einmal näher ansehen, ohne Vergleiche anzustellen.

Sieht man manche Männer und Frauen wieder, die zunächst einen unsympathischen Eindruck gemacht haben, ist man nicht selten überrascht, wie wenig die erste Einschätzung der Realität entspricht.

Wenn die Zahl der Personen, mit denen Sie Probleme haben, deutlich höher ist als die Anzahl derjenigen, die Ihnen gefallen, sollten Sie sinnvollerweise erst einmal prüfen, ob nicht alte Blockaden dabei im Spiel sind, und diese Blockaden behandeln (lassen). Suchen Sie sich dabei Hilfe.

# XIII. Eine gastfreundliche Atmosphäre schaffen und erhalten

## A. Kommunikationsspiel »Einen schönen Anti-Stress-Abend verbringen«

**Treffen von Personen, die sich zunächst nicht kennen.**
Nach einer entspannten Vorstellungsrunde verteilen Sie an alle Teilnehmer je eine Karte oder ein Klebeetikett und lassen sie Folgendes daraufschreiben: 1. ihren Vornamen und wie sie sich selbst beschreiben würden, 2. was sie mögen.

Sie könnten vorher eine Liste mit charakterisierenden Begriffen zum Auswählen erstellen:

- romantisch
- sportlich
- Naturliebhaber
- tierlieb
- Gourmet
- musikbegeistert
- Dichter
- intellektuell
- künstlerisch
- kreativ
- etc.

Das schafft von Anfang an eine Atmosphäre des Austauschs. Dabei besteht die Möglichkeit, Sitznachbarn selbst nach Belieben zu wählen.
Für den zweiten Punkt – das, was die Teilnehmer mögen – werden keine Begriffe vorgegeben; man könnte einen Film, ein Buch, eine Reise nennen …

## B. Spiel »Die richtige Distanz«

Dieses Spiel findet idealerweise nach dem Abendessen statt, damit die Gäste sich schon mündlich vorgestellt haben. Zwischen den Teilnehmern soll jeweils ein Abstand von etwa fünf Metern eingehalten werden.

**In Zweiergruppen stehen die Teilnehmer einander gegenüber und schauen sich in die Augen. Einer bleibt stehen, während der andere langsam nach vorn auf ihn zugeht. Die stehende Person macht mit der Hand ein Zeichen, wenn ihr der Abstand nicht mehr angenehm ist, zu eng wird.**
**Es ist interessant, dass jeder dabei herausfindet, wie viel Nähe zu anderen er zulassen kann, und sieht, dass bzw. wie weit die anderen dies respektieren.**

Es gibt Personen, die man in seinen Garten lässt, andere in sein Zuhause und wieder andere in den persönlichen Bereich. All das natürlich, ohne das geringste Urteil zu fällen.

Für die Person, die ihr Gegenüber (unbeweglich) erwartet, geht es darum, zu testen, wie weit sie in der Lage ist oder sich davor fürchtet, andere an sich heranzulassen.
Es ist wichtig, anschließend darüber zu sprechen, um jegliche Ängste aus der Welt zu schaffen.
Bei diesem Spiel kommt es gelegentlich vor, dass Teilnehmer sich gegenseitig in die Arme fallen …

## C. Spiel zum Rekapitulieren

**Die Schritte … der Begegnung im Leben der Bekanntschaften und Freunde**



**Ordnen Sie die Schildchen auf der nächsten Seite in der richtigen Reihenfolge.**

Ziele der Treffen

Adressenaustausch

Zuhören/für jemanden da sein

Erster Blick

Reaktionen auf den Abend

Betreten der Szene, erstes »Auftreten«

Reaktionen zur Kenntnis nehmen

Beobachten

Sich besser kennen: Bilanz

Sozialleben entsprechend
er Affinitäten und Gemein-
samkeiten kreieren, je
ach anfänglichen Zielen

Andere einladen und Stimmungsspiele

Vorzüge zur Geltung bringen

Zielgerichtet ausgehen

Pluspunkte/eigene Vorzüge mobilisieren

Bestandsaufnahme und Wiederholung

Gespräch

Annäherung

Den Rahm abschöpfen

Vorbereiten der Einladung

Anruf/gezielter Vorschlag



Zahl der Begegnungen und Gruppen steigern

Günstige Orte auflisten

## Privilegierte Beziehungen

Ausgehend von den Beziehungen, die Sie geschaffen haben, haben Sie bei weiteren Begegnungen vielleicht das Gefühl, dass aus einigen echte Freundschaften werden können, bei denen alle weiter oben aufgeführten Elemente mit vielen Gemeinsamkeiten und Dingen, die einem Freude machen, zusammenkommen.

> **»Freundschaft ist, wenn man sich gut kennt und sich trotzdem gern hat.«**

Jenseits des sozialen Netzes, das für jedes ausgewogene Leben unerlässlich ist, zeichnen sich die Menschen ab, die man mitunter als **echte Freunde** bezeichnet (als wären die anderen falsch).

Diese Freundschaften stellen sich manchmal erst nach mehreren Jahren unter Beweis (ebenso wie die Liebe) und sollten deshalb idealerweise folgende Vorzüge beinhalten:

- **Wesentliche gemeinsame Werte:** Sinn, den man dem Leben verleiht, und Sichtweisen.

- **Vertrauen:** Alles sagen können, ohne dass man bewertet wird und ohne dass vertrauliche Dinge weiterverbreitet werden.

- **Unterschiede akzeptieren:** Freiheit des Handelns und Denkens; man kann nicht in allem übereinstimmen, spricht aber darüber, tauscht sich aus, bereichert sich durch die Kenntnisse des anderen.
Positive Gefühle sollten es ermöglichen, dass beide Freunde **und die Beziehung** sich entfalten können, dass beide das Beste anstreben und sich nicht verschließen.

- **Vergnügen daran finden, zusammen etwas zu unternehmen, Harmonie**

- **Offene Kommunikation:** Unbehagen, Hindernisse immer rechtzeitig ansprechen, um gemeinsam nach einer Lösung zu suchen.

Man findet diese Elemente auch in der langfristigen wahren Liebe, die ebenfalls mehrere Monate oder sogar Jahre braucht, um sich aufzubauen, wohl wissend, dass diese Liebe außerdem körperliches Verlangen, gemeinsame sinnliche Erfahrungen und sexuelle Lust umfasst.

## Herzlichen Glückwunsch!

Selbstvertrauen, erste Kontakte, Vorstellung und Einführung, Anfragen, Vorschläge und Antworten, verschiedene konkrete Situationen ... Sie haben ein Maximum an Informationen aufgenommen, um Ihr soziales Leben aufzubauen. Sie haben sie ausprobiert, angewandt, umgesetzt.
Sie haben viele Kontakte geknüpft, Bilanz gezogen, diejenigen ausgewählt, die zu Ihnen passen, und sich respektvoll von den anderen distanziert.

In wenigen Monaten ist Ihr soziales Netz geknüpft worden. Vernachlässigen Sie es aber trotzdem nicht! Es kann sich bewegen, entwickeln oder stagnieren. Wenn einige Freunde sich aus verschiedenen Gründen entfernen, ermöglichen neue Bekanntschaften, es am Leben zu erhalten.

Und vergessen Sie nicht, dass Sie Verbündete haben, Gefährten, die Ihnen den Weg erleichtern können.

# XIV. Das Handwerkszeug des perfekten »Kommunikators«

**Ein freundlicher (aber nicht reißerischer!) AB-Ansagetext** auf Ihrem Festnetztelefon und auf Ihrem Handy, damit die Anrufer Lust haben, eine Nachricht zu hinterlassen. Hier einige Beispiele, die Sie beenden können:

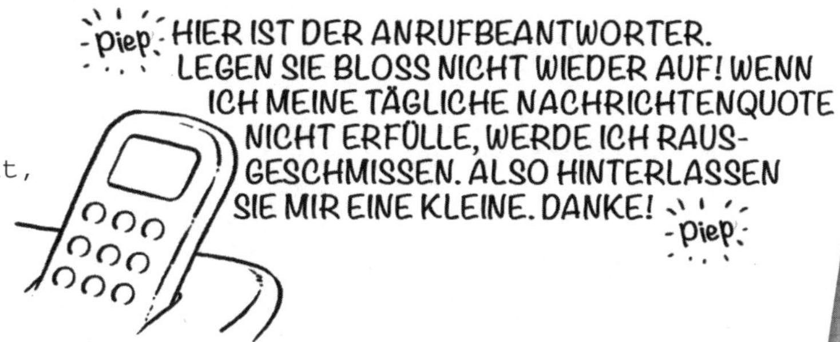


**Humorvoll**
»Ich hoffe, Sie gehören nicht zu den zehn Prozent, die keine Nachricht auf dem Anrufbeantworter hinterlassen …«

**Vorsichtig**
»Es tut mir leid, dass ich nicht da bin … Mit Vergnügen rufe ich Sie baldmöglichst zurück, wenn Sie mir Ihre Nummer hinterlassen …«

**Einladend**
»Ich würde mich freuen, Ihre Stimme zu hören, wenn ich nachher nach Hause komme …«

..........................................................

..........................................................

..........................................................

..........................................................

**Eine Liste** mit Telefonnummern für Hobbys, Abende und Wochenenden, die Sie stets bei sich tragen und die mit Ihrem beruflichen Verzeichnis nichts zu tun hat.

**Visitenkarten** griffbereit, die Sie selbst im Internet erstellen lassen können, mit einem Logo, das Ihrer Persönlichkeit entspricht (es gibt Logos für jeden Geschmack: Humor, Poesie, Musik etc.). Ihr Computer kann sehr hübsche Dinge herstellen.

Fürs Erste genügt es, außer dem Logo nur den Namen, eine E-Mail-Adresse und die Telefonnummer anzugeben (die Adresse ist nicht nötig), damit Bekanntschaften, die Sie an einem Abend schließen, wissen, wie Sie sie wiederfinden können. Wenn nicht …, verlieren Sie unter Umständen potenzielle zukünftige Freunde.

Verlassen Sie das Terrain des Misstrauens, ohne das nichts geht, aber seien Sie weiterhin auf der Hut – besonders beim Weitergeben Ihrer Festnetznummer. Handys sind aber mittlerweile so verbreitet, dass die Nummer unbesorgt weitergegeben werden kann – doch Vorsicht: Es könnte suspekt wirken, denn ein Handy erleichtert es manchen nicht ungebundenen Männern und Frauen, die auf schnelle Abenteuer aus sind, ein »draufgängerisches« Leben zu führen.

In manchen Fällen ist es gut, beim zweiten Treffen, nachdem man schon mehr Vertrauen gefasst hat, um die private Nummer zu bitten und im Gegenzug seine eigene zu geben.

**Das Internet** ist ein ideales Kommunikationsmittel für diejenigen, die damit umgehen, regelmäßig die Informationen lesen und auf den kostenlosen Freizeit- und Freunde-Websites (siehe Seite 17) Kontakte knüpfen können.

Personen, die dort angemeldet sind, schlagen beispielsweise vor, sich zu einem Museumsbesuch, einem Ausflug oder einer Einladung zum Abendessen zu treffen. Es ist ein Pool möglicher Beziehungen, das sich immer mehr füllt und in dem man sympathische und manchmal faszinierende Unbekannte findet, mit denen man sicherlich bei anderen, konventionelleren Unternehmungen nicht in Kontakt gekommen wäre. Es sollte jedoch mit Vorsicht, guter Urteilskraft und Intuition genutzt werden (zur Methode s. zum Beispiel hier: www.saferinternet.de/).

Und vergessen Sie nicht, dass man zu vernünftigen Preisen auch in vielen Internet-Cafés ins Netz gehen kann.

Lernen Sie den Umgang mit SMS-Kurzmitteilungen. Das ist besonders dann wichtig, wenn man an einem öffentlichen Ort (öffentliche Verkehrsmittel, Restaurants) die Ruhe respektieren und nicht laut sprechen möchte.

Und dabei nicht die SMS-Sprache vergessen:

Lol, thx, 4ever, HDL, 8ung, G&K, afaik

## Entschluss:

Mir die nötigen Werkzeuge beschaffen; üben, eine gute Ansage auf den AB sprechen: mehrere Nachrichten auf Band sprechen und sie an Freunden/Freundinnen testen, bevor ich sie benutze; sie hin und wieder ändern. In meinem Umfeld darüber reden, um Ideen und Vorschläge anzuregen und Strategien zu verfeinern ... Das kann ein weiteres Spiel unter neuen Bekannten sein.

**Um sich in seinen Entschlüssen zu bestärken, kann man sich damit vergnügen, auf der Grundlage der Zitate auf der folgenden Seite Gespräche in Gang zu bringen.**

Freunde kann man sich aussuchen,
die Familie nicht.

Freundschaft und das Bedürfnis,
sich jemandem anzuvertrauen, sollten
nicht verwechselt werden.

Erik Orsenna

Freundschaft ist Liebe
ohne deren Flügel.

Lord Byron

Freundschaft
erwartet keine Gegenleistung –
nur ein bisschen Pflege.

Georges Brassens

Die Zeit stärkt die Freundschaft,
schwächt aber die Liebe.

La Bruyère

Der einzige Weg, Freunde
zu haben, ist, selbst einer zu sein.

Ralph Waldo Emerson

Freundschaft ist nicht nur ein
köstliches Geschenk, sondern auch
eine dauerhafte Aufgabe!

Ernst Zacharias

# Zum Schluss

Ich denke, ich habe nun rundum alles abgehandelt, was Ihnen dabei helfen kann, sich ein Netzwerk an Freunden und Gästen aufzubauen.
Die ausgewählten Spiele haben ihre Wirksamkeit bei von mir geleiteten Workshops ebenso unter Beweis gestellt wie im Lauf meiner jetzigen beruflichen Tätigkeit als Coach.

Wiederholen Sie die Übungen ruhig vor einer Verabredung, einer Unternehmung, die Ihnen andernfalls noch Probleme bereiten würde. Haben Sie erst einmal alles gesammelt und aufgeschrieben, was Ihnen Freude macht, wenden Sie sich nur noch dem zu, was Ihnen gefällt. Nur auszugehen, weil man nicht allein sein will, ist fast immer zum Scheitern verurteilt.

Einsamkeit ist kein unabwendbares Schicksal. Man selbst erschafft sie, so wie man auch seine Freundschaften selbst kreiert. Jeder von uns findet sich in einer Situation wieder – oder wird sich in einer wiederfinden –, die ihn von den Menschen fernhält, die ihm nahestehen. Ich kenne viele, die sich dann ziemlich schnell ein Netz an Bekannten aufgebaut haben – und nicht zwangsläufig unter ihren beruflichen Kontakten.

Besser ist es, neue Bekanntschaften in der Freizeit bei privaten Hobbys zu schließen, dann wird nicht nur von der Arbeit gesprochen.

Manche Menschen brauchen jedoch auch Momente des Alleinseins. Das Wichtige ist, seinen Bedürfnissen zu folgen und entsprechend seine Zeit einzuteilen: einen Teil für Geselligkeit und einen Teil für sich allein. So kann man sich am besten erholen und Bilanz ziehen. Dennoch: Man kann zwar allein leben, aber nicht isoliert.

Nun ist es an Ihnen, zu spielen. Ihr Leben ist das, was Sie daraus machen, und die Umgebung, die Sie aufbauen, wird es Ihnen danken.

**Odile Lamourère**

## *Die Bibliothek der guten Gefühle*

Aus dem Französischen von Claudia Seele-Nyima
Illustrationen von Jean Augagneur
64 Seiten, broschiert

Alice le Guiffant / Laurent Pare
Das kleine Übungsheft
**Ausmisten und wieder durchatmen**
ISBN 978-3-941837-71-3

Yves-Alexandre Thalmann
Das kleine Übungsheft
**Endlich frei von Schuldgefühlen**
ISBN 978-3-941837-71-3

Anne van Stappen
Das kleine Übungsheft
**Grenzen setzen – Nein sagen**
ISBN 978-3-941837-73-7

Anne van Stappen
Das kleine Übungsheft
**Selbstliebe**
ISBN 978-3-941837-68-3

Marc de Smedt
Das kleine Übungsheft
**Meditationen für jeden Tag**
ISBN 978-3-941837-69-0

Xavier Cornette de Saint Cyr
Das kleine Übungsheft
**Verborgene Talente entdecken**
ISBN 978-3-941837-52-2

Rosette Poletti / Barbara Dobbs
Das kleine Übungsheft
**Selbstbewusstsein**
ISBN 978-3-941837-54-6

Yves-Alexandre Thalmann
Das kleine Übungsheft
**Glückstraining**
ISBN 978-3-941837-49-2

Rosette Poletti / Barbara Dobbs
Das kleine Übungsheft
**Loslassen**
ISBN 978-3-941837-53-9

Ilious Kotsou
Das kleine Übungsheft
**Emotionale Intelligenz**
ISBN 978-3-941837-50-8

Yves-Alexandre Thalmann
Das kleine Übungsheft
**Optimismus**
ISBN 978-3-941837-51-5

www.trinity-verlag.de